Chinese Qu

D1122489

TALKING IN CHINESE:
A PRACTICAL PHRASEBOOK

Jane Choate

LONG RIVER PRESS
San Francisco

Author: Jane Choate
Editor: Lily Lijuan Zhou
Executive Editor: Eric Lock
Designer: SinoMedia Ltd.
Illustrator: Fu Jie
Publishers: Zhang Ruizhi & Xu Mingqiang

First Edition   September 2004

ISBN 1-59265-026-0

Published in the United States of America by
Long River Press
3450 3rd ST., #4B, San Francisco, CA 94124
www.longriverpress.com
in association with Haiwen Audio-Video Publisher

Printed in China

Introduction

Talking in Chinese: A Practical Phrasebook is a highly practical phrase book for tourists in China. It gets straight to the point in every situation, in the hotels, restaurants, shops and on the planes and buses. To get you involved quickly in two-way communication, the book includes the typical conversation and essential vocabulary on each topic. A compact disc is accompanied to make it easier. The picture process approach is another feature of the book. It allows a more lively and flexible presentation of the essential sentences for each scene.

Contents

Basics of Chinese

hànyǔ jīchǔ

Phonetic Symbols

Table of Initials

b p m f d t n l g k h j q x zh ch sh r z c s

Table of Finals

a o e i u ü ia ua uo ie üe er ai uai ei uei
ao iao ou iou an ian uan üan en in uen ün
ang iang uang eng ing ueng ong iong

Some pronunciation rules:

1. When "ü" or a final beginning with "ü" is combined with j, q, or x, the two dots on top can be omitted; but they can not be omitted when combined with other initials. Pay attention to the pronunciation of the following syllables.

✕ jü qü xü	√ ju qu xu
✕ jüan qüan xüan	√ juan quan xuan
lu lü	nu nü

2. When "i" stands for a separate syllable, it will be preceded by "y". When it is at the beginning of a syllable, "i" will be changed into "y".

i → y   ian → yan   iang → yang

3. When "u" stands for a separate syllable, it will be preceded by "w" (u → w). When "u" is at the beginning of a syllable, "u" will be changed into "w" (uan → wan   uen → wen).

Some pronunciation exercises:

m	mǎi	mén	mèng	miù	mù
n	nán	nào	niān	niáng	nuè
j	jiān	jiǒng	jiù	juān	jùn
q	qiáng	qiě	qióng	quàn	quē
x	xíng	xiōng	xuān	xué	xùn
c	cā	cè	cèi	céng	cuān
zh	zhā	zhái	zhǎn	zhuàng	zhuó
ch	chá	chàng	chǎo	chē	chuài
sh	shǎn	shéi	shǒu	shuǎng	shùn

Tones

In Pinyin system, every syllable has a tone. There are four basic tones in Mandarin pronunciation, i.e. the first tone, whose tone mark is " ˉ "; the second tone, whose tone mark is " ′ "; the third tone, whose tone mark is " ˇ "; and the fourth tone, whose tone mark is " ` ". The tone marks should be placed above the main vowel in the finals (for example: Zhōngguó huìhuà). In the mean time, some syllables are pronounced in the neutral tone, which is light and short and has no tone mark (for example, xièxie). Tones are very important in Chinese. Different tone indicates different meaning. For example: 妈 (mā) means "mother", 麻 (má) means "hemp", 马 (mǎ) means "horse", 骂 (mà) means "to scold" and " 吗 "(ma) represents a particle used at the end of questions. The first tone is a high, level tone with the volume held constant, the second tone rises sharply from middle register and increasing in volume, the third tone starts low, then falls lower before rising again to a point slightly higher than the starting point, and the fourth tone starts high then drops sharply in pitch and volume. You can listen to the audio disk to tell the difference of the tones.

mā má mǎ mà ma kē ké kě kè guō guó guǒ guò

Numbers

0 líng 零	1 yī 一	2 èr 二	3 sān 三
4 sì 四	5 wǔ 五	6 liù 六	7 qī 七
8 bā 八	9 jiǔ 九	10 shí 十	

From 11 to 19, the numbers are made up of ten (shí) followed by numbers from 1~9.

11 shíyī 十一　　　　12 shíèr 十二　　　　13 shísān 十三

Multiples of ten are made up of ten (shí) preceded by numbers from 2~9.

20 èrshí 二十	30 sānshí 三十
40 sìshí 四十	50 wǔshí 五十
60 liùshí 六十	90 jiǔshí 九十

The numbers 21~29, 31~39, 41~49 etc. are formed by adding 1 (yī) to 9 (jiǔ) to the above numbers 20 (èrshí), 30 (sānshí), 40 (sìshí) and so on.

21 èrshíyī	二十一	22 èrshíèr	二十二
31 sānshíyī	三十一	39 sānshíjiǔ	三十九
91 jiǔshíyī	九十一	99 jiǔshíjiǔ	九十九

The similar pattern is used with "bǎi" (hundred), "qiān" (thousand) "wàn" (ten thousand).

100 yìbǎi 一百	200 liǎngbǎi 两百
300 sānbǎi 三百	101 yìbǎi líng yī 一百零一
105 yìbǎi líng wǔ 一百零五	110 yìbǎi yīshí 一百一十
1000 yìqiān 一千	2000 liǎngqiān 两千
3000 sānqiān 三千	10000 yíwàn 一万
20000 liǎngwàn 两万	30000 sānwàn 三万

There are three types of pronunciation for "1", "yī" "yí" and "yì". Generally, it is pronounced as "yì". "yī" was used when counting numbers except before "bǎi" "qiān" "wàn". It will change into "yí" when put in front of a fourth tone word, for example, yíqiè.

There are two words for "2" in Chinese, "èr" and "liǎng". "èr" is used in room numbers, bus numbers, phone numbers, and in counting numbers except before "bǎi" "qiān" "wàn"(hundred, thousand and ten thousand). "liǎng" is used before a measure word (in Chinese, measure words are necessary to connect a number with a noun), for example, liǎng gè rén (two people, gè is the measure word).

100000000 yíyì 一亿

Time

year nián 年

month yuè 月

day rì (hào) 日（号）

week xīngqī 星期

hour xiǎoshí 小时

o'clock diǎn 点

minute fēn 分

second miǎo 秒

January yíyuè 一月

February èryuè 二月

March sānyuè 三月

April sìyuè 四月

May wǔyuè 五月

June liùyuè 六月

July qīyuè 七月

August bāyuè 八月

September jiǔyuè 九月

October shíyuè 十月

November shíyīyuè 十一月

December shíèryuè 十二月

Spring chūntiān 春天

Summer xiàtiān 夏天

Autumn qiūtiān 秋天

Winter dōngtiān 冬天

What day is today? jīntiān xīngqī jǐ? 今天 星期 几？

Monday xīngqīyī 星期一

Tuesday xīngqīèr 星期二

Wednesday xīngqīsān 星期三

Thursday xīngqīsì 星期四

Friday xīngqīwǔ 星期五

Saturday xīngqīliù 星期六

Sunday xīngqīrì (tiān) 星期日（天）

What time is it? jǐ diǎn le? 几 点 了?

o'clock diǎn (zhōng) 点(钟) minute fēn 分

second miǎo 秒 a quarter yíkè 一刻

morning shàngwǔ 上午 afternoon xiàwǔ 下午

night wǎnshang 晚上 midnight bànyè 半夜

ten twenty in the morning
shàngwǔ shí diǎn èrshí (fēn)
上 午 十 点 二十（分）

half past four in the afternoon
xiàwǔ sì diǎn bàn
下午 四 点 半

a quarter past nine at night
wǎnshang jiǔ diǎn yí kè
晚 上 九点 一刻

the day before yesterday qiántiān 前天

yesterday zuótiān 昨天 today jīntiān 今天

tomorrow míngtiān 明天

the day after tomorrow hòutiān 后天

In Chinese, time sequence goes as follows:
____year (nián)____month (yuè)____date (hào or rì)____week (xīngqī)____morning or afternoon (shàngwǔ or xiàwǔ) ____o'clock (diǎn)

four o'clock in the afternoon on 4 May, 2003
二 零 零 三 年 五月 四 号（日）下午 四 点
èrlínglíngsān nián wǔyuè sì hào (rì) xiàwǔ sì diǎn

Directions

left zuǒbian 左边   right yòubian 右边
front qiánmian 前面   back hòumian 后面
east dōng 东   south nán 南
west xī 西   north běi 北

Nationalities

Which country are you from? / I'm ...

你 是 哪 国 人？ / 我 是 ......

Nǐ shì nǎ guó rén? / Wǒ shì ......

There is no change in Chinese verbs for first, second, third person subjects, both singular and plural. And Chinese verbs have no tense. "shì 是 " means "is, am, are, was, were..."

Personal Pronouns:

I wǒ 我	he tā 他	she tā 她
you(singular) nǐ 你		we wǒmen 我们
you(plural) nǐmen 你们		they tāmen 他（她）们
you(singular, to show respect) nín 您		

In Chinese, "de" is added to these personal pronouns to form their possessive form.

| my(mine) wǒde | her(his/hers) tāde | their tāmende |
| your(singular) nǐde | your(plural) nǐmende | |

Chinese	zhōngguó rén	中国人
American	měiguó rén	美国人
British	yīngguó rén	英国人
Canadian	jiānádà rén	加拿大人
Australian	àodàlìyà rén	澳大利亚人
French	fǎguó rén	法国人
Italian	yìdàlì rén	意大利人
Japanese	rìběn rén	日本人
North Korean	cháoxiǎn rén	朝鲜人
South Korean	hánguó rén	韩国人

Really Useful Expressions

Hello!	你 好!	Ní hǎo!
Good-bye.	再见!	Zàijiàn!
Excuse me...	请 问，…	Qǐng wèn, ...
Sorry!	对不起!	Duìbuqǐ!
Never mind.	没 关系!	Méi guānxi!
Thank you!	谢谢!	Xièxie!
You're welcome.	不 用 谢!	Bú yòng xiè!
Please ...	请 …	Qǐng ...

Sorry, I can't understand.
对不起，我 听 不 懂。
Duìbuqǐ, wǒ tīng bù dǒng.

I beg your pardon? / Please repeat what you've said.
请 再说 一 遍。
Qǐng zài shuō yí biàn.

I don't understand Chinese. Can you speak English?
我 不 懂 中文。你 会 说 英语 吗?
Wǒ bù dǒng zhōngwén. Nǐ huì shuō yīngyǔ ma?

A little.	一点点。	Yìdiǎndiǎn.
Oh, I see.	哦，我 知道 了。	Ò, wǒ zhīdào le.
I don't know.	我 不 知道。	Wǒ bù zhīdào.

("bù" is used to form a negative sentence in Chinese. When "bù" precedes a word with the fourth tone, it will be pronounced as "bú".)

Yes.	是 的。	Shì de.
No.	不 是。	Bú shì.
This...	这个	zhège
That...	那个	nàge
May I?	可以 吗?	Kěyǐ ma?
Where?	在 哪里?	Zài nǎli?
How much?	多少 钱?	Duōshao qián?

(When?(What time?)	什么 时候?	Shénme shíhou?
What?	什么?	Shénme?
Who?	谁?	Shéi?
Why?	为 什么?	Wèi shénme?)

On the Plane

zài fēijī shang

My flight is ...
Wǒde hángbān shì ...

Practical Scene I

Stewardess: *What drinks do you want, sir?*
空姐: 先生，要 什么 饮料？
Kōngjiě: Xiānsheng, yào shénme yǐnliào?

Passenger: *I'd like some Chinese tea, thank you.*
乘客: 我 要 中国 茶，谢谢。
Chéngkè: Wǒ yào zhōngguó chá, xièxie.

Passenger: *When will the lunch (supper) be served?*
乘客: 请问 什么 时候 供应 午餐（晚餐）？
Chéngkè: Qǐngwèn shénme shíhou gōngyìng wǔcān (wǎncān)?

Stewardess: *Soon.*
空姐: 马上。
Kōngjiě: Mǎshàng.

Supplementary Sentences

I want this.
Wǒ yào zhège. 我要这个。

No (I don't want anything), thanks.
Bú yào, xièxie. 不要，谢谢。

Please take away.
Qǐng ná zǒu. 请拿走。

OK, please wait a minute.
Hǎo, qǐng shāo děng. 好，请稍等。

Practical Scene II

Passenger 1: Miss, when will we arrive in Beijing (Shanghai)?
乘客 1: 小姐，请问 几点 到 北京（上海）？
Chéngkè 1: Xiǎojiě, qǐngwèn jǐdiǎn dào běijing (shànghǎi)?

Stewardess: In two hours.
空姐: 两 小时 后。
Kōngjiě: Liǎng xiǎoshí hòu.

Passenger 2: Excuse me, where is the washroom?
乘客 2: 请问 洗手间 在 哪儿？
Chéngkè 2: Qǐngwèn xǐshǒujiān zài nǎr?

Stewardess: Over there.
空姐: 那儿。
Kōngjiě: Nàr.

Supplementary Sentences

This is my ticket.
Excuse me, where is the seat?
Zhèshì wǒde jīpiào.
Qǐngwèn, zhège zuòwèi zài nǎli?
这是我的机票。
请问，这个座位在哪里？

In the front. On the left. On the right.
Qiánmian. Zuǒbian. Yòubian.
前面。左边。右边。

Key Vocabulary

airport	jīchǎng	机场
airport construction fee	jīchǎng jiànshèfèi	机场建设费
airline company / carrier	hángkōng gōngsī	航空公司
aisle seat	kào zǒudào de zuòwèi	靠走道的座位
blanket	tǎnzi	毯子
boarding gate	dēngjīkǒu	登机口
bread	miànbāo	面包
breakfast	zǎocān	早餐
claim check	xínglǐpái	行李牌
drinks	yǐnliào	饮料
earphone	ěrjī	耳机
luggage	xíngli	行李
luggage carrier	xínglichē	行李车
luggage consignment	xíngli tuōyùn	行李托运
luggage rack	xínglijià	行李架
lunch	wǔcān	午餐
Miss	xiǎojiě	小姐
magazine	zázhì	杂志
newspaper	bàozhǐ	报纸
orange juice	júzizhī	桔子汁

rice	mǐfàn	米饭
safety belt	ānquándài	安全带
seat	zuòwèi	座位
sir	xiānsheng	先生
supper	wǎncān	晚餐
ticket	jīpiào	机票
tissue	zhǐjīng	纸巾
toilet	cèsuǒ	厕所
toilet for men	náncèsuǒ	男厕所
toilet for women	nǚcèsuǒ	女厕所
trunk	xínglixiāng	行李箱
washroom	wèishēngjiān	卫生间
window seat	kàochuāng de zuòwèi	靠窗的座位

Some common drinks:

ice-water	bīngshuǐ	冰水
cola	kělè	可乐
beer	píjiǔ	啤酒
coffee	kāfēi	咖啡
juice	guǒzhī	果汁
wine	jiǔ	酒
tea	chá	茶

Entering a Country & Money Exchange

rùjìng hé huòbì duìhuàn

I'm in China!
Wǒdào
zhōngguó le !

Practical Scene I

Inspector: *Please show your passport.*

检查员: 请 出示 护照。

Jiǎncháyuán: Qǐng chūshì hùzhào.

Passenger: *OK, here it is. This is my passport. I come from America.*

旅客: 好, 给, 这 是 我的 护照。我 是 从 美国 来 的。

Lǚkè: Hǎo, gěi, zhè shì wǒde hùzhào. Wǒ shì cóng měiguó lái de.

Inspector: *What's your purpose for entering China?*

检查员: 来华 目的 是 什么?

Jiǎncháyuán: Láihuá mùdì shì shénme?

Passenger: *For tourism. (Study. Business. To visit relatives. Academic exchanges.)*

旅客: 旅游。（留学。商务。探亲。学术交流。）

Lǚkè: Lǚyóu. (Liúxué. Shāngwù. Tànqīn. Xuéshùjiāoliú.)

Inspector: *How long are you planning to stay in China?*

检查员: 打算 在 中国 停留 多少 天？

Jiǎncháyuán: Dǎsuan zài zhōngguó tíngliú duōshao tiān?

Passenger: *About ten days. (A month.)*

旅客: 十天。（一 个 月。）

Lǚkè: Shítiān. (Yí gè yuè.)

Inspector: *Do you have anything to declare?*

检查员: 有 什么 要 申报？

Jiǎncháyuán: Yǒu shénme yào shēnbào?

Passenger: *Nothing.*

旅客: 没 有。

Lǚkè: Méi yǒu.

Supplementary Sentences

Where is the Customs?
Hǎiguān zài nǎr?
海关在哪儿？

Where can I get my luggage?
Xíngli zài nǎr qǔ?
行李在哪儿取？

I can't find my luggage.
Wǒde xíngli zhǎo bú dào le.
我的行李找不到了。

Practical Scene II

What's the exchange rate today?

今天 汇率 是 多少？

Jīntiān huìlǜ shì duōshao?

Tourist: *I'd like to change two hundred U.S. dollars to RMB.*

旅客： 我 想 把 这 两百 美元 换 成
人民 币。

Lǚkè: Wǒ xiǎng bǎ zhè liǎngbǎi měiyuán huàn chéng
rénmínbì.

Staff: *One dollar for eight yuan twenty fen. Here is one thousand six hundred and forty yuan.*

职员： 一 美元 可 兑换 八 元 两 角 人民币。
这 是 一千 六百 四十 元。

Zhíyuán: Yì měiyuán kě duìhuàn bā yuán liǎng jiǎo rénmínbì.
Zhè shì yìqiān liùbǎi sìshí yuán.

Tourist: *Excuse me, I'd like to change this one hundred to two fifties.*

旅客: 对不起，我 想 把 一百元 的 换 成
两张 五十 元。

Lǚkè: Duìbuqǐ, wǒ xiǎng bǎ yìbǎi yuán de huàn chéng liǎng zhāng wǔshí yuán.

Staff: *OK.*

职员: 好的。

Zhíyuán: Hǎode.

Jīntiān huìlǜ shì duōshao?

What's the exchange rate today?

Qǐng huàn
chéng
rénmínbì.

*I'd like to change the
money to RMB.*

Supplementary Sentences

Where can I exchange money?
Zaì nǎr duìhuàn?
在哪儿兑换？

I want to exchange money.
Wǒ xiǎng duìhuàn wàibì.
我想兑换外币。

Please give me some changes.
Qǐng geǐ wǒ yì xiē língqián.
请给我一些零钱。

Key Vocabulary

address	zhùzhǐ	住址
age	niánlíng	年龄
career	zhíyè	职业
change (n.)	língqián	零钱
coin	yìngbì	硬币
customs	hǎiguān	海关
customs tax	guānshuì	关税
declare	shēnbào	申报
date of birth	chūshēng niányuè	出生年月
disembarkation procedure	rùjìng shǒuxù	入境手续
exchange	duìhuàn	兑换
exchange rate	huìlǜ	汇率
family name	xìng	姓
find	zhǎodào	找到
first name	míng	名
inspector	jiǎncháyuán	检查员
look for	zhǎo	找
nationality	guójí	国籍
passport	hùzhào	护照
passport number	hùzhào hàomǎ	护照号码

paper money	zhǐbì	纸币
plan	dǎsuan	打算
visa	qiānzhèng	签证
stay	tíngliú	停留
duty free shop	miǎnshuìdiàn	免税店

The monetary units of RMB are " 元(yuán)" " 角(jiǎo)" " 分(fēn)".

Some common currency:

US dollar	měiyuán	美元
British pound	yīngbàng	英镑
yen	rìyuán	日元
euro	ōuyuán	欧元
rouble	lúbù	卢布

Transportation

jiāo tōng

Taxi!
Chūzū chē!

Practical Scene I

Driver: Where are you going?
司机: 您 去 哪儿？
Sījī: Nín qù nǎr?

Passenger: Please go to this place.
乘客: 请 去 这个 地方。
Chéngkè: Qǐng qù zhège dìfang.

Passenger: Could you drive faster?
乘客: 能 快 一点 吗？
Chéngkè: Néng kuài yìdiǎn ma?

Driver: Here we are.
司机: 到 了。
Sījī: Dào le.

Supplementary Sentences

Thank you for meeting us.
Xièxie nín lái jiē wǒmen.
谢谢您来接我们。

The car is waiting outside.
Chēzi jiù zài wàimian děnghòu.
车子就在外面等候。

Stop. It's here.
Tíngchē. Jiù zài zhèr.
停车。就在这儿。

Practical Scene II

Passenger: *How much?*
乘客: 多少　钱？
Chéngkè: Duōshao qián?

Driver: *Fifty yuan.*
司机: 五十　元。
Sījī: Wǔshí yuán.

Passenger: *Here is one hundred. Please give me the receipt.*
乘客: 这 是 一百 元。请 给 我 发票。
Chéngkè: Zhè shì yìbǎi yuán. Qǐng gěi wǒ fāpiào.

Driver: *Here is your change fifty yuan and your receipt.*
司机: 找 您 五十 元。发票 请 拿 好。
Sījī: Zhǎo nín wǔshí yuán. Fāpiào qǐng ná hǎo.

Duōshao qián?

How much?

Zhè shì nǐde fāpiào.

Here is your receipt.

Supplementary Sentences

Please go ahead.
Qǐng wǎng qián kāi.
请往前开。

Turn right at this corner.
Zài zhège lùkǒu wǎng yòu
guǎi.
在这个路口往右拐。

Turn left.
Wǎng zuǒ guǎi.
往左拐。

Practical Scene III

Passenger: *Where can I find the airport bus?*
乘客: 机场 公共 汽车 在 哪儿?
Chéngkè: Jīchǎng gōnggòng qìchē zài nǎr?

Passenger: *I want to go to people's square. Which stop shall I get off at?*
乘客: 我 要 去 人民 广场, 在 哪 一 站 下车?
Chéngkè: Wǒ yào qù rénmín guǎngchǎng, zài nǎ yí zhàn xiàchē?

Conductor: *There are still two stops.*
售票员: 还 有 两站 就 到。
Shòupiàoyuán: Hái yǒu liǎngzhàn jiù dào.

Passenger: *Please tell me when we arrive.*
乘客: 到 了 请 告诉 我 一下。
Chéngkè: Dào le qǐng gàosu wǒ yíxià.

Loudspeaker: *We've arrived at people's square. Please get off*
at the back door.

（广播: 人民 广场 站到了，请从后门
下车。）

(Guǎngbō: Rénmín guǎngchǎng zhàn dào le, qǐng cóng hòumén
xiàchē.)

Zài nǎ yí zhàn
xiàchē?

Which stop shall
I get off at?

Supplementary Sentences

Excuse me, which bus can I take to this place?
Qǐngwèn, qù zhèr, chéng nǎ lù gōnggòng qìchē?
请问，去这儿，乘哪路公共汽车？

Where is the subway station?
Dìtiě zhàn zài nǎr?
地铁站在哪儿？

Key Vocabulary

back door	hòumén	后门
bus	gōnggòng qìchē	公共汽车
buy	mǎi	买
change buses	huànchē	换车
driver	sījī	司机
entry	rùkǒu	入口
exit	chūkǒu	出口
fast	kuài	快
get off	xiàchē	下车
get on	shàngchē	上车
give change	zhǎoqián	找钱
green light	lùdēng	绿灯
light rail	qīngguǐ	轻轨
meet (v.)	jiē	接
place (n.)	dìfang	地方
receipt	fāpiào	发票
red light	hóngdēng	红灯
slow	màn	慢
station	chēzhàn	车站
stop (v.)	tíngchē	停车
subway	dìtiě	地铁
taxi	chūzū chē	出租车
tickets	piào	票
turn (v.)	guǎiwān	拐弯

Tips

■ *When you take a taxi, never forget to ask for the receipt. No tips necessary.*

■ *The subway trains and light rail trains all have English instructions showing various stops.*

In the Hotel

zài bīnguǎn

Welcome!

Practical Scene I

(Check in)

Receptionist: Hello.

接待员: 你 好!

Jiēdàiyuán: Nǐ hǎo!

Guest: My name is ...... I've booked a room.

客人: 我 的 名字 是… 我 已经 预定 了 房间。

Kèren: Wǒ de míngzi shì… wǒ yǐjīng yùdìng le fángjiān.

Receptionist: Please wait a minute. Oh, yes. Please fill in this form. Write down your name and passport number.

接待员: 请 稍 等。哦,是的。请 填 一下 这 张 单子,写 上 您 的 姓名 和 护照 号码。

Jiēdàiyuán: Qǐng shāo děng. Ò, shìde. Qǐng tián yíxià zhè zhāng dānzi, xiě shàng nín de xìngmíng hé hùzhào hàomǎ.

Wǒ yǐjīng yùdìng le fángjiān.

I've booked a room.

Guest: It's OK. (I've finished it.)

客人: 好 了。

Kèren: Hǎo le.

Receptionist: Your room number is 502. This is your key. The lift is over there.

接待员: 您 的 房间 是 502。这 是 您 的 房间 钥匙。电梯 就 在 那儿。

Jiēdàiyuán: Nín de fángjiān shì 502. Zhè shì nín de fángjiān yàoshi. Diàntī jiù zài nàr.

Guest: Thank you.

客人: 谢 谢。

Kèren: Xièxie.

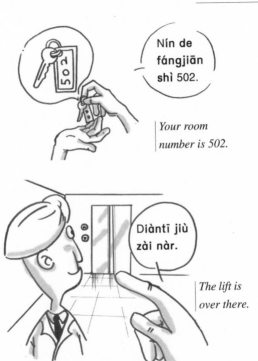

Practical Scene II

Guest: *I'd like a single room. How much is it?*

客人: 我 想 要 一 间 单人房。多少 钱?

Kèren: Wǒ xiǎng yào yì jiān dānrénfáng. Duōshao qián?

Receptionist: *Five hundred yuan a day, including breakfast.*

接待员: 五百 元 一 天, 包 早餐。

Jiēdàiyuán: Wǔbǎi yuán yì tiān, bāo zǎocān.

Guest: *OK. By the way, is there any interesting place nearby?*

客人: 好的。顺便 问 一下, 附近 有 什么 好玩 的 地方?

Kèren: Hǎode. Shùnbiàn wèn yíxià, fùjìn yǒu shénme hǎowán de dìfang?

......

Guest: *Please help me carry the luggage upstairs.*

客人: 请 帮 我 把 行李 搬 上去。

Kèren: Qǐng bāng wǒ bǎ xíngli bān shàngqù.

Wǔbǎi yuán yì tiān, bāo zǎocān.

Five hundred yuan a day including breakfast.

Qǐng bāng wǒ bǎ xíngli bān shàngqù.

Please help me carry the luggage upstairs.

Practical Scene III

(Book a Morning Call)

Guest: *Please wake me up tomorrow morning.*
客人： 请 明天 早上 叫醒 我。
Kèren: Qǐng míngtiān zǎoshang jiào xǐng wǒ.

Operator: *What time?*
接线员： 几 点？
Jiēdàiyuán: Jǐ diǎn?

Guest: *Half past six. Thank you.*
客人： 六 点 半。谢谢。
Kèren: Liù diǎn bàn. Xièxie.

Operator: *You are welcome. Good night.*
接线员： 不 用 谢。晚安。
Jiēdàiyuán: Bú yòng xiè. Wǎn'an.

Please wake me up tommorrow morning.

Supplementary Sentences

Please send my breakfast to room 502.
Zǎocān qǐng sòng dào fángjiān 502.
早餐请送到房间502。

Which floor is the dining room on?
Cāntīng zài jǐ lóu?
餐厅在几楼？

Practical Scene IV

(Make Complains)

There is no good view in this room. I want to change rooms.

这 个 房间 风景 不 好，我 想 换 房间。

Zhè ge fángjiān fēngjǐng bù hǎo, wǒ xiǎng huàn fángjiān.

The air-conditioner doesn't work. I feel cold.

空调 坏 了。很 冷。

Kōngtiáo huài le. Hěn lěng.

Something is wrong with the light.

灯 不 亮。

Dēng bú liàng.

Something is wrong with the toilet bowl.

马桶 坏 了。

Mǎtǒng huài le.

The TV is not clear.
电视机 不 清楚。
Diànshìjī bù qīngchǔ.

The door can't be locked.
门 锁 不 上。
Mén suǒ bú shàng.

Kōngtiáo huài le.

The air conditioner doesn't work.

Diànshìjī bù qīngchǔ.

The TV is not clear.

Practical Scene V

(Check out)

Guest: I'm going to check out. Here is the room key.
客人: 我 要 退 房。这 是 房间 钥匙。
Kèren: Wǒ yào tuì fáng. Zhè shì fángjiān yàoshi.

Receptionist: Please wait a minute. Here is the bill.
接待员: 请 稍 候。这 是 帐单。
Jiēdàiyuán: Qǐng shāo hòu. Zhè shì zhàngdān.

Guest: Do you accept credit cards?
客人: 可以 用 信用卡 吗?
Kèren: Kěyǐ yòng xìnyòngkǎ ma?

Receptionist: It's OK.
接待员: 可 以。
Jiēdàiyuán: Kě yǐ.

Key Vocabulary

air conditioner	kōngtiáo	空调
bathtub	yùgāng	浴缸
bed	chuáng	床
bill	zhàngdān	帐单
book (v.)	yùdìng	预定
carry (v.)	bān	搬
check out	tuìfáng	退房
credit card	xìnyòngkǎ	信用卡
dining room	cāntīng	餐厅
double room	shuāngrénfáng	双人房
good night	wǎn'ān	晚安
guest room	kèfáng	客房
hotel	bīnguǎn	宾馆
housekeeping	kèfáng fúwù	客房服务
key	yàoshi	钥匙
lift	diàntī	电梯
light	dēng	灯
lobby	dàtáng	大堂
lock (n.)	suǒ	锁
mirror	jìngzi	镜子

reception desk	qiántái	前台
refrigerator	bīngxiāng	冰箱
restaurant	fàndiàn	饭店
service person	fúwùyuán	服务员
shower	línyùqì	淋浴器
single room	dānrénfáng	单人房
slipper	tuōxié	拖鞋
toilet	wèishēngjiān	卫生间
towel	máojīn	毛巾
toilet paper	wèishēngzhǐ	卫生纸
TV set	diànshìjī	电视机
view (n.)	fēngjǐng	风景
wake up	jiàoxǐng	叫醒
window	chuānghù	窗户
write	xiě	写

In the Restaurant
zài cāntīng

Please!
Qǐng!

Practical Scene I

(call to book a table)

Guest: Hello, I'd like to book a table.
顾客：你好，我要订餐位。
Gùkè: Nǐhǎo, wǒ yào dìng cānwèi.

Operator: OK. Please tell me the date, the number of people, your name and telephone number.
服务员：好的。请告诉我日期、人数、您的姓名和电话号码。
Fúwùyuán: Hǎode. Qǐng gàosu wǒ rìqī, rénshù, nín de xìngmíng hé diànhuà hàomǎ.

Guest: Seven this evening. Two. My name is David and my telephone number is 65432021.
顾客：今天晚上七点。两个人。我叫大卫，我的电话号码是65432021。
Gùkè: Jīntiān wǎnshang qī diǎn. Liǎng gè rén. Wǒ jiào dàwèi, wǒde diànhuà hàomǎ shì 65432021.

Níhǎo, wǒ yào dìng cānwèi.

Hello, I'd like to book a table.

Qǐng gàosu wǒ rìqī, rénshù hé xìngmíng.

Please tell me the date, the number of people and your name.

Practical Scene II

Waitress: Welcome. How many of you?
服务员: 欢迎 光临。 几 位?
Fúwùyuán: Huānyíng guānglín. Jǐ wèi?

Guest: Two. I've booked the seat near the window.
顾客: 两 位。我 已经 预订 了 靠窗 的 座位。
Gùkè: Liǎng wèi. Wǒ yǐjīng yùdìng le kào chuāng de zuòwèi.

Waitress: May I have your name?
服务员: 请 问 您 的 姓名?
Fúwùyuán: Qǐng wèn nín de xìngmíng?

Guest: David.
顾客: 大卫。
Gùkè: Dàwèi.

Waitress: Oh, yes. This way, please.
服务员: 哦，是的。这边 请。
Fúwùyuán: Ò, shìde. Zhèbian qǐng.

Notes:
"Huānyíng guānglín" literally means "Welcome to come to this place." It is especially popular among the waiters in the restaurants and hotels. If you want to express welcome to your friends, "Huānyíng" is OK under any occasion.

Wǒmen
yǐjīng
yùdìng le
zuòwèi.

*We've booked
the seat.*

Zhèbiān
qǐng.

*This way
please.*

Practical Scene III

Waitress: *Here is the menu. Can I take your order?*
服务员: 这 是 菜单。 你们 想 吃 什么?
Fúwùyuán: Zhè shì càidān. Nǐmen xiǎng chī shénme?

Guest: *What is the specialty here?*
顾客: 小姐, 你们 这儿 的 特色 菜 是 什么?
Gùkè: Xiǎojiě, nǐmen zhèr de tèsè cài shì shénme?

Waitress: *Many. The most famous is the fried shrimp and stir-fried beef with oyster sauce.*
服务员: 很 多。 最 有名 的 是 炒 虾仁 和 蚝油
          牛肉 等。
Fúwùyuán: Hěn duō. Zuì yǒumíng de shì chǎo xiārén hé háoyóu
          niúròu děng.

Guests: *OK. We will order these two.*
顾客: 好, 就 点 这 两 个 菜。
Gùkè: Hǎo, jiù diǎn zhè liǎng gè cài.

Nǐmen zhèr de tèsè cài shì shénme?

What's the speciality here?

Zuì yǒumíng de shì ...

The most famous is ...

Supplementary Sentences

We're very busy. Please hurry up.
Wǒmen hěn máng. Qǐng kuài yì diǎn.
我们很忙。请快一点。

Please pack it up. I'll take away.
Qǐng dǎ bāo. Wǒ yào dài zǒu.
请打包。我要带走。

I need a knife and fork.
Qǐng gěi wǒ yífù dāochā.
请给我一副刀叉。

Practical Scene IV

Waitress: What about the vegetable and soup?
服务员: 蔬菜 和 汤 呢?
Fúwùyuán: Shūcài hé tāng ne?

Guest: One green vegetable and one tomato egg soup.
顾客: 一 个 青菜。 一 碗 番茄 蛋汤。
Gùkè: Yí gè qīngcài. Yì wǎn fānqié dàntāng.

Waitress: OK. What drinks do you like?
服务员: 好 的。 饮料 要 什么?
Fúwùyuán: Hǎo de. Yǐnliào yào shénme?

Guest: One beer.
顾客: 一 瓶 啤酒。
Gùkè: Yì píng píjiǔ.

Waitress: OK. Just a moment.
服务员: 好。 请 稍 等。
Fúwùyuán: Hǎo. Qǐng shāo děng.

Practical Scene V

Guests: Cheers!
顾客: 干杯!
Gùkè: Gān bēi!

Guest 1: Do you like it?
顾客 1: 菜好吃吗?
Gùkè 1: Cài hǎo chī ma?

Guest 2: Yes. It's delicious.
顾客 2: 不错, 很好吃。
Gùkè 2: Bú cuò, hěn hǎo chī.

Guest 1: Waitress! Bill, please.
顾客 1: 小姐! 埋单。
Gùkè 1: Xiǎojiě! Mái dān.

Waitress: OK. This is the bill. Eighty yuan altogether.
服务员: 好的。这是账单。一共八十元。
Fúwùyuán: Hǎo de. Zhè shì zhàngdān. Yígòng bāshí yuán.

Gān bēi!

| *Cheers!*

Mái dān.

The bill,
please. |

Key Vocabulary

barbecue	shāokǎo	烧烤
beer	píjiǔ	啤酒
bitter	kǔ	苦
cafe	kāfēi diàn	咖啡店
Chinese food	zhōngguó cài	中国菜
Chinese restaurant	zhōngcān guǎn	中餐馆
chopstick	kuàizi	筷子
drink	hē	喝
eat	chī	吃
fast food shop	kuàicān diàn	快餐店
fruit	shuǐ guǒ	水果
knives and forks	dāochā	刀叉
menu	càidān	菜单
pizza shop	bǐsà diàn	比萨店
salad	sèlā	色拉
salty	xián	咸
seasoning	tiáoliào	调料
soup	tāng	汤
sour	suān	酸
specialty	tèsècài	特色菜
spicy	là	辣
sweet	tián	甜
tasteless	dàn	淡
toothpick	yáqiān	牙签
western restaurant	xīcān guǎn	西餐馆

Tips

- *In restaurants it is quite usual for Chinese to pack up the left dishes to bring home.*

- *Among the best-known schools of Chinese culinary tradition are the Cantonese cuisine of the south, the Shangdong cuisine of the north, the Huai-Yang cuisine of the east and the Sichuan food of the west. The four major varieties of Chinese food have been traditionally noted as "the light flavour of the south, the salty flavour of the north, the sweet flavour of the east and the spicy-hot flavor of the west".*

Tips

■ *Some common Chinese dishes:*

gōng bào jīdīng	*stir-fried diced chicken with peanuts and chili*
má pó dòufu	*bean curd with minced beef in spicy sauce*
háoyóu niúròu	*stir-fried beef with oyster sauce*
qīngzhēng lúyú	*steamed bass*
běijīng kǎoyā	*Peking Duck*
chūnjuǎn	*Spring rolls*
sān xiān tāng	*three-fresh soup*
huǒguō	*hotpot*
gǔ lǎo ròu	*sweet and sour pork*

Traveling around and Asking the Way

guānguāng wènlù

Say Cheese!
Shuō "qiézi"!

Practical Scene I

Tourist: What is the most famous place here?
游客: 这里 最 有名 的 地方 是 什么？
Lǚkè: Zhèlǐ zuì yǒumíng de dìfang shì shénme?

Passerby: Oriental Pearl TV Tower.
路人: 东方 明珠 电视 塔。
Lùrén: Dōngfāng míngzhū diànshì tǎ.

Tourist: Which bus shall I take?
游客: 要 坐 哪 一 路 车？
Lǚkè: Yào zuò nǎ yí lù chē?

Passerby: You can take the No. 20 bus in the front.
路人: 在 前面 坐 20 路 车。
Lùrén: Zài qiánmian zuò 20 lù chē.

Tourist: Is it far from here?
游客: 远 吗？
Lǚkè: Yuǎn ma?

Passerby: No. Two stops away from here.

路人: 不 远。两 站 路。

Lùrén: Bù yuǎn. Liǎng zhàn lù.

Qǐng wèn, zhèlǐ zuì yǒumíng de dìfang shì shénme?

Excuse me, what's the most famous place here?

Dōngfāng míngzhū diànshì tǎ.

Oriental Pearl TV Tower.

Supplementary Sentences

Do you need a travel agency?
Yào bú yào zhǎo lǚ xíng shè?
要不要找旅行社？

Do you want a guide?
Yào bú yào dǎoyóu?
要不要导游？

When will we set out?
Jǐ diǎn chū fā?
几点出发？

Is this scenic spot far from here?
Zhè ge jǐngdiǎn yuǎn ma?
这个景点远吗？

Practical Scene II

Tourist: *How can I get to the city centre?*

游客: 到 市 中心 怎么 走？

Lǚkè: Dào shì zhōngxīn zěnme zǒu?

Passerby: *Take the subway.*

路人: 坐 地铁。

Lùrén: Zuò dìtiě.

Tourist: *Where is the subway station?*

游客: 地铁 站 在 哪儿？

Lǚkè: Dìtiě zhàn zài nǎr?

Passerby: *Just ahead. It's ten minutes' walk.*

路人: 往 前 走。走路 十 分钟 就 到 了。

Lùrén: Wǎng qián zǒu. Zǒulù shí fēnzhōng jiù dào le.

Dào (Qù) ...
zĕnme zŏu?

*How can I get to
... ?*

Zuò dìtiĕ.

Take the subway.

Supplementary Sentences

Where are the bustling places?
Nǎ li shì fánhuá de dìfang?
哪里是繁华的地方？

How can I get to the Museum?
Dào (Qù) bówùguǎn zěnme zǒu?
到（去）博物馆怎么走？

How much is the admission ticket?
Mén piào duōshao qián?
门票多少钱？

What is its opening time and closing time?
Jǐ diǎn kāi mén? Jǐ diǎn guān mén?
几点开门？几点关门？

Practical Scene III

Tourist 1: Can I take a photo here? *(in front of the Terracotta Warriors)*

游客: 能 在 这儿 拍照 吗？ （兵马俑 前）

Yóukè: Néng zài zhèr pāizhào ma? (bīngmǎyǒng qián)

Tourist 2: No.

路人: 不 可以。

Lùrén: Bù kěyǐ.

Tourist: Excuse me, will you please take a photo for us?

游客: 对不起，请 帮 我们 拍照，好吗？

Yóukè: Duìbuqǐ, qǐng bāng wǒmen pāizhào, hǎoma?

Passerby: OK.

路人: 好 。

Lùrén: Hǎo.

Supplementary Sentences

Please take another one.
Qǐng zài pāi yì zhāng.
请再拍一张。

The scene is beautiful.
Jǐngsè hěn měi.
景色很美。

A map, please.
Mǎi yí fèn dìtú.
买一份地图。

Practical Scene IV

Tourist: I want to develop the film.
游客: 我 想 冲洗 胶卷。
Yóukè: Wǒ xiǎng chōngxǐ jiāojuǎn.

Shop Assistant: OK.
营业员: 好。
Yíngyèyuán: Hǎo.

Tourist: When can I get it?
游客: 什么 时候 可以 拿?
Yóukè: Shénme shíhou kěyǐ ná?

Shop Assistant: Tomorrow morning.
营业员: 明天 上午。
Yíngyèyuán: Míngtiān shàngwǔ.

Wǒ xiǎng chōngxǐ jiāojuǎn.

I want to develop the film.

Hǎo.

OK.

Supplementary Sentences

Please pay deposit first.
Qǐng xiān fù yājīn.
请先付押金。

Refund for any overpayment
or a supplemental payment
for any deficiency.
Duō tuì shǎo bǔ.
多退少补。

Key Vocabulary

admission ticket	ménpiào	门票
camera	xiàngjī	相机
city center	shì zhōngxīn	市中心
dislike	tǎoyàn	讨厌
far	yuǎn	远
guide (n.)	dǎoyóu	导游
like (v.)	xǐhuan	喜欢
map	dìtú	地图
movie	diànyǐng	电影
museum	bówù guǎn	博物馆
near	jìn	近
pedestrian street	bùxíng jiē	步行街
postcard	míngxìnpiàn	明信片
scenic spot	jǐngdiǎn	景点
sight-seeing boat	yóulǎn chuán	游览船
souvenir	jìniànpǐn	纪念品
specification	shuōmíng shū	说明书
take a photo	pāizhào	拍照
take bus	chéngchē	乘车
travel agency	lǚxíng shè	旅行社
traveling bag	lǚxíng bāo	旅行包
visit (v.)	cānguān	参观
walk	zǒulù	走路

wǒ xiǎngqù...(wàitān, guǎngchǎng, chénghuángmiào, chángchéng, yíhéyuán)

I want to go to... (Bund, square, City God Temple, the Great Wall, Summer Palace)

Shopping

gòu wù

How much is this?
Zhège duōshao qián?

Practical Scene I

Shop Assistant: *Can I help you? (The Chinese translation literally means "what do you want to buy")*

营业员: 想 买 什么？

Yíngyèyuán: Xiǎng mǎi shénme?

Guest: *I want to buy some gifts for my friends.*

顾客: 我 想 给 朋友 买 礼物。

Gùkè: Wǒ xiǎng gěi péngyou mǎi lǐwù.

Shop Assistant: *These Chinese pottery are nice.*

营业员: 这些 中国 的 陶器 很 不错。

Yíngyèyuán: Zhèxiē zhōngguó de táoqì hěn búcuò.

Guest: *Please let me have a look.*

顾客: 请 拿 给 我 看看。

Gùkè: Qǐng ná gěi wǒ kànkan.

Guest: It's too small. Do you have bigger ones?

顾客: 太 小 了。有 没有 大 一点 的?

Gùkè: Tài xiǎo le. Yǒu méiyǒu dà yìdiǎn de?

Shop Assistant: What about this one?

营业员: 这个 怎么 样?

Yíngyèyuán: Zhège zěnme yàng?

Zhèxiē zhōng guó de táoqì hěn búcuò.

These Chinese pottery are nice.

Tài xiǎo le. Yǒu méiyǒu dà yìdiǎn de?

It's too small. Do you have bigger ones?

Supplementary Sentences

Which road is the biggest shopping mall on?
Zuì dà de gòuwù zhōngxīn zài shénme lù?
最大的购物中心在什么路？

Where is the busiest night market?
Zuì rènào de yèshì zài nǎli?
最热闹的夜市在哪里？

Excuse me, which floor is the gift counter on?
Qǐng wèn, lǐpǐn guìtái zài jǐ lóu?
请问，礼品柜台在几楼？

I want to buy a souvenir.
Wǒ xiǎng mǎi ge jìniànpǐn.
我想买个纪念品。

Practical Scene II

Guest: *OK. How much?*

顾客: 好。多少 钱?

Gùkè: Hǎo. Duōshao qián?

Shop assistant: *One hundred yuan.*

营业员: 100 元。

Yíngyèyuán: 100 yuán.

Guest: *That's too expensive. Can you lower the price a bit? What about eighty yuan?*

顾客: 太 贵 了。便宜 点 吧! 80 元?

Gùkè: Tài guì le. Piányi diǎn ba! 80 yuán?

Shop assistant: *The lowest I can offer is 85.*

营业员: 最 低 价 85 元。

Yíngyèyuán: Zuì dī jià 85 yuán.

Guest: I'll take this one. Please wrap it up.

顾客: 我 买 这个。请 包 一下。

Gùkè: Wǒ mǎi zhège. Qǐng bāo yíxià.

Shop Assistant: OK. Please pay at the cashier.

营业员: 好。请 到 收银台 付款。

Yíngyèyuán: Hǎo. Qǐng dào shōuyíntái fùkuǎn.

Duōshao qián?

Tài guì le.

How much is this?

¥ ?

That's too expensive.

Supplementary Sentences

Can you lower the price a bit more?
Néng bu néng zài piányi diǎn?
能不能再便宜点？

Please pay in cash.
Qǐng yòng xiànjīn.
请用现金。

It's too expensive. I can't afford it.
Tài guì le. Wǒ mǎi bu qǐ.
太贵了。我买不起。

Practical Scene III

Guest: I don't like this colour. I want another one.

顾客: 我 不 喜欢 这个 颜色。我 想 换 一件。

Gùkè: Wǒ bù xǐhuan zhège yánsè. Wǒ xiǎng huàn yíjiàn.

Shop Assistant: Do you have the receipt?

营业员: 有 发票 吗?

Yíngyèyuán: Yǒu fāpiào ma?

Guest: Yes. I bought this here yesterday.

顾客: 有。我 昨天 在 这儿 买 的。

Gùkè: Yǒu. Wǒ zuótiān zài zhèr mǎi de.

Shop Assistant: (reading the receipt) Ok. Please wait a minute.

营业员: (看发票) 好, 请 稍 等。

Yíngyèyuán: (kànfāpiào) Hǎo, qǐng shāo děng.

Wǒ xiǎng huàn (yíjiàn).

I want to change (another one).

Yǒu fāpiào ma?

Do you have the receipt?

Supplementary Sentences

Something is wrong with it. I ask to return the goods.

Zhè ge dōngxi yǒu wèntí. Wǒ yào tuìhuò.

这个东西有问题。我要退货。

Sorry. Once the goods is sold, exchange and returns are not allowed.

Duìbuqǐ. Běn diàn shāngpǐn yì jīng shòuchū, gài bú tuì huàn.

对不起。本店商品一经售出，概不退换。

Is this new? Zhè shì xīnde ma? 这是新的吗？

The change is wrong. You gave me ten yuan more (less).

Zhǎo líng cuò le. Duō (shǎo) gěi le wǒ 10 yuán qián.

找零错了。多（少）给了我１０元钱。

Key Vocabulary

authentic	zhēnde	真的
big	dàde	大的
black	hēi	黑
blue	lán	蓝
bookstore	shūdiàn	书店
boutique	jīngpǐndiàn	精品店
buy	mǎi	买
brush	máobǐ	毛笔
cashier	shōuyínyuán	收银员
cheap	piányi	便宜
clothes	yīfu	衣服
color	yánsè	颜色
cotton	miánde	棉的
counter	guìtái	柜台
department store	bǎihuòshāngdiàn	百货商店
discount	dǎzhé	打折
expensive	guì	贵
fake	jiǎhuò	假货
folding fan	zhéshàn	折扇
friend	péngyou	朋友

gift	lǐwù	礼物
green	lù	绿
grocery	shípǐn záhuò diàn	食品杂货店
new	xīnde	新的
old	jiùde	旧的
Paper cutting	jiǎnzhǐ	剪纸
price	jiàqian	价钱
red	hóng	红
return goods	tuìhuò	退货
sell	mài	卖
shop	shāngdiàn	商店
silk	sīchóu	丝绸
size	chǐmǎ	尺码
small	xiǎode	小的
special	tèchǎn	特产
supermarket	chāoshì	超市
white	bái	白
wrap up	bāo	包
yellow	huáng	黄

Tips

■ *In small shops and booths, you can always bargain with the owners and get a much lower price. In big supermarkets and shopping malls, the prices are always fixed, but you can still ask the shop assistants whether the goods are on any discount. Receipts are very important if you want to return or change the goods you have bought.*

Making a Telephone Call

dǎ diànhuà

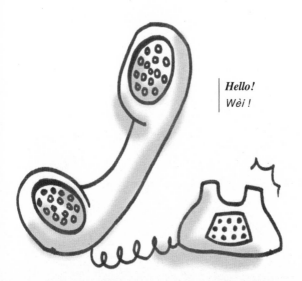

Hello!
Wèi !

Practical Scene I

David: *Hello. May I speak to Mr. Yang?*
大卫: 喂，你好。请 问 杨　先生 在 吗？
Dàwèi: Wèi,　nǐhǎo.　Qǐng wèn Yáng xiānsheng zài ma?

Miss Yang: *He is not available at the moment. May I ask who is calling?*
杨 小姐: 他 现在 不 在。请 问 您 是 哪位？
Yáng xiǎojiě: Tā　xiànzài bú　zài. Qǐng wèn nín　shì　nǎwèi?

David: *I'm his friend David. When will he be back?*
大卫: 我 是 他 的 朋友 大卫。他 什么 时候 回来？
Dàwèi: Wǒ shì　tā　de péngyou dàwèi.　Tā shénme shíhou huílái?

Miss Yang: *In half an hour.*
杨 小姐: 半 小时 以后。
Yáng xiǎojiě: Bàn xiǎoshí yǐhòu.

David: Then I will call later. Good-bye.

大卫：那 我 过 一会儿 再 打 吧。再见。

Dàwèi: Nà wǒ guò yíhuìr zài dǎ ba. Zàijiàn.

Miss Yang: Bye.

杨 小姐：再见。

Yáng xiǎojiě: Zàijiàn.

Wèi, nǐhǎo.
Qǐng wèn
... zài ma?

Hello. May I speak to ... ?

(... "zài ma" literally means "Is (the person) available?" Another common used expression under this occasion is "wǒ zhǎo ...", which literally means "I'm looking for (sb.)".)

Supplementary Sentences

Can I make an international call by this phone?

Zhège diànhuà néng dǎ guójì chángtú diànhuà ma?

这个电话能打国际长途电话吗？

No. Only local calls.

Bù. Zhǐ néng dǎ shì nèi diànhuà.

不。只能打市内电话。

What is the telephone number here?

Zhèlǐ de diànhuà hàomǎ shì duōshao?

这里的电话号码是多少？

How do I use this phone?

Zhège diànhuà zěnme dǎ?

这个电话怎么打？

Practical Scene II

David: *Hello. This is David. May I speak to Miss Li?*

大卫: 喂，你 好。我 是 大卫。我 找
李 小姐。

Dàwèi: Wèi, nǐ hǎo. Wǒ shì dàwèi. Wǒ zhǎo
Lǐ xiǎojiě.

Miss Zhou: *She is out at the moment.*

周 小姐: 她 出去 了。

Zhōu xiǎojiě: Tā chūqù le.

David: *Oh. Could you ask her to call me back?*

大卫: 哦。请 让 她 给 我 回电，好 吗?

Dàwèi: Ò. Qǐng ràng tā gěi wǒ huídiàn, hǎo ma?

Miss Zhou: *What's your telephone number?*

周 小姐: 你 的 电话 号码 是 多少?

Zhōu xiǎojiě: Nǐ de diànhuà hàomǎ shì duōshao?

David: *My number is 55522200. I'm staying at the Hilton Hotel.*

大卫: 我 的 电话 号码 是 55522200。我 住 在
希尔顿 饭店。

Dàwèi: Wǒ de diànhuà hàomǎ shì 55522200.　　Wǒ zhù zài
xiěrdùn　　fàndiàn.

Wǒ de diàn huà háomǎ shì 55522200

My phone number is 55522200.

Supplementary Sentences

Sorry. I dialed a wrong number.
Duìbuqǐ. Wǒ dǎ cuò le. 对不起。我打错了。

I can't hear clearly. Please speak louder.
Wǒ tīng bu qīngchu. Qǐng dà shēng xiē.
我听不清楚。请大声些。

I don't understand Chinese well. Please speak slower.
Wǒ bú tài dǒng zhōngwén. Qǐng shuō màn yì xiē. 我不太懂中文。请说慢一些。

Please call him on his mobile phone.
Qǐng dǎ tā de shǒujī ba.
请打他的手机吧。

Do you want to leave a message?
Nǐ yào liúyán ma? 你要留言吗?

Key Vocabulary

busy line	zhànxiàn	占线
call back	huídiàn	回电
dialed a wrong number	dǎcuòle	打错了
extension	fēnjī	分机
fax	chuánzhēn	传真
Hello (only for telephone)	wèi	喂
key (in a telephone)	ànjiàn	按键
mobile phone message	duǎnxiāoxī	短消息
mobile phone	shǒujī	手机
phone	diànhuà	电话
phone book	diànhuà běn	电话本
phone card	diànhuà kǎ	电话卡
phone number	diànhuà hàomǎ	电话号码
public telephone	gōngyòng diànhuà	公用电话
ring	língshēng	铃声
telephone booth	diànhuà tíng	电话亭
telephone receiver	tīngtǒng	听筒
telephone transmitter	huàtǒng	话筒

Tips

■ In China there are various
kinds of IP cards, some of
which can be used for interna-
tional calls. You dial the
numbers on the IP card first
and then dial the number you
intend to make the call. The
telephone fee will then be
charged much lower.

Accidents

yì wài

*Oh, I didn't
expect it!*
Ào, wǒ kě méi
xiǎng dào!

Practical Scene I

(visiting a doctor)

Doctor: Anything wrong with you?
医生: 你 怎么 啦?
Yīshēng: Nǐ zěnme la?

Patient: I caught a cold.
病人: 我 感冒 了。
Bìngrén: Wǒ gǎnmào le.

Doctor: Come on. Let me do an examination.
医生: 来, 我 检查 一下。
Yīshēng: Lái, wǒ jiǎnchá yíxià.

Patient: Is it serious?
病人: 严重 吗?
Bìngrén: Yánzhòng ma?

Doctor: *Take it easy. Take this medicine. You'll be OK after a good rest.*

医生: 不 要紧, 吃 这些 药, 好好 休息 就 可以 了。

Yīshēng: Bú yào jǐn, chī zhèxiē yào, hǎohao xiūxi jiù kěyǐ le.

Nǐ zěn me la?

Anything wrong with you?

Wǒ gǎn mào le.

I caught a cold.

Supplementary Sentences

I don't feel well. Will you please call a doctor for me?
Wǒ bù shūfu. Qǐng bāng wǒ jiào
yīshēng, hǎoma?
我不舒服。请帮我叫医生，好吗？

Please send me to the hospital.
Qǐng sòng wǒ qù yīyuàn.
请送我去医院。

I cough a lot.
Wǒ késòu de hěn lìhài. 我咳嗽得很厉害。

I suffer from diarrhea.
Wǒ lā dùzi. 我拉肚子。

Practical Scene II

(things stolen)

> *Tourist: My wallet was stolen in the hotel!*
> 旅客: 我 的 钱包 在 宾馆 被 偷 了。
> Lǚkè: Wǒ de qiánbāo zài bīnguǎn bèi tōu le.

> *Receptionist: What's in it?*
> 前台: 里面 有 什么？
> Qiántái: Lǐmiàn yǒu shénme?

> *Tourist: Some money and passport.*
> 旅客: 一些 钱 和 护照。
> Lǚkè: Yìxiē qián hé hùzhào.

> *Receptionist: Call the police. Dial 110.*
> 前台: 赶快 报警。打 110。
> Qiántái: Gǎnkuài bàojǐng. Dǎ 110.

My wallet was stolen!

Wǒ de
qiánbāo
bèi tōu le.

Gǎnkuài
bàojǐng!

Call the police!

Supplementary Sentences

I have my luggage lost.
Wǒ de xíngli diū le. 我的行李丢了。

I lost my bag in the taxi.
Wǒ de bāo diū zài chūzū chē lǐ le.
我的包丢在出租车里了。

Please contact the consulate.
Qǐng hé lǐngshìguǎn liánxì yí xià.
请和领事馆联系一下。

Help me. Qǐng bāngbang wǒ. 请帮帮我。
Help! Jiùmìng! 救命!
Catch the thief! Zhuā xiǎotōu! 抓小偷!

Key Vocabulary

ache	tòng	痛
antidiarrheal	zhǐxièyào	止泻药
body	shēntǐ	身体
cough	késòu	咳嗽
doctor	yīshēng	医生
face	liǎn	脸
febricide	tuì shāo piàn	退烧片
feel ill	nánshòu	难受
gut	dùzi	肚子
head	tóu	头
headache	tóutòng	头痛
hospital	yīyuàn	医院
nose	bízi	鼻子
pain-killer	zhǐtòngyào	止痛药
patient	bìngrén	病人
pharmacy / drugstore	yàodiàn	药店
rest	xiūxi	休息
stomach	wèi	胃
take temperature	liáng tǐwēn	量体温
thermometer	wēndùjì	温度计
throat	hóulóng	喉咙
upset stomach	dùzi tòng	肚子痛
visit a doctor	kànbìng	看病
bag	bāo	包
call the police	bàojǐng	报警

consulate	lǐngshìguǎn	领事馆
contact	liánxì	联系
contact address	liánxì dìzhǐ	联系地址
embassy	dàshǐguǎr	大使馆
lose	diū	丢
policeman	jǐngchá	警察
police station	pàichūsuǒ	派出所
steal	tōu	偷
thief	xiǎotōu	小偷
wallet	qiánbāo	钱包

Zhuā xiǎotōu!

Catch the thief!

Tips

■ *Common service telephone numbers in China include: fire alarm number 119, call for ambulance 120, call for police 110, call for local weather forecast 121 and call for inquiring telephone number 114.*